SORRY, I
YOUR PROMISE

(An Anglo-American Tragedy, Told in Two (Or Three) Parts, Detailing the Life and Crimes of the Very Goatspoken Offender Marmalard Lahtum)

BARDSLEY ROSENBRIDGE

ISBN: 978-1-952386-20-6 (paperback)
Library of Congress Control Number: 2021943494

Sagging Meniscus Press
Montclair, New Jersey
saggingmeniscus.com

Bardsley would like to thank CERN and all the staff at the Large Hadron Collider for their invaluable assistance during the creation of this work.

Sorry, I Broke Your Promise

SORRY, I BROKE YOUR PROMISE PT. 1

behold
tude
our droves
t

We

The stars

our an " covere fields
way

him
the the raveelsh

many days

Images
The intellectual
contemplation
the parts

counsurrounds

musicians
the youthful21
a stream bar night

The stars
ense
objectstheeye
translatby Kenneth Rms
thgy

sudden fear!

We

the motifpack

Ishouldgently
sudd the sky

Mon Nov 10 CONTROL
BUused

taty
the swarming Men

me
A CLOUD

a sunny spate world

number6 boughs
SNOW STORM Tumult

it
On The road

its inspiration

e MRainier

The thin waninoon
dark pines
the desolati thoughts
the seed-syllables

a good life
tharkness
violence,d tmes

Wine

cloud seen only in damp city, clir the cre of similar causes

the theology
crime
your eyes
THE HEART Ote

eme
race

The DIAMOND

view charm remotely
LanguageDetector
s we find's
I

a hilltop
o fowl

thoughtd t
The rising hills

grasses
the clearing
we went
a-raven

what's that?
A faint whispering
hill gown on

It

It

oldd
Iodd
the middle

I broke your promise in
two parts

THIS RAGING FURY
text
our
we
l

And space,d stars
the SurMade
it
hce consciouterestedss

" obstinate questionings

th DISTANCES
th NIGHT THOUGHTS Wman

any supposed Celtic

FACT

a Worudra omradely
Display-ind
Td

FACT

Frost efore Thop
beauty
they
the
Integrity
myself

makingd
misty headlands
men
the Shelley Society
rascals
the Act
Fact

nat 274 SHELLEY'S
NATURE-POETRY. gth
Nature
the sleepst

respecy land
snow haowerful

the Prometheus Unbound
inte the ground

med brains
playful women
granite dress

Life

Indicating the task:ee of
cars, houses, cad foods

It
awe anenneth Rexroth

nrms

"Dicking daisies!" he screamed. "I've aged over 30 years!"

BYPASS THE RATIONAL

• This is a labour of love.. All texts so far, as well as all future esoterics information, I hope . youlike YOU, understand

For the time has come If you have an interest - for we all have an email : occult. to "(bypass the

rational)" � � � � �

• \h lh~r, ill \ bjlM;al
Rllla lia. r aimeJ h~ hi, \l
ife ,'. ,11

• "(bypass the rational)"
• "(bypass the rational)"
• "(bypass the rational)"
• "(bypass the rational)"
• "(bypass the rational)"
• "(bypass the rational)"
• "(bypass the rational)"
• "(bypass the rational)"
• "(bypass the rational)"
• "(bypass the rational)"
• "(bypass the rational)"
• "(bypass the rational)"
• "(bypass the rational)"
• "(bypass the rational)"
• "(bypass the rational)"
• "(bypass the rational)"
• "(bypass the rational)"
• "(bypass the rational)"
• "(bypass the rational)"
• "(bypass the rational)"
• "(bypass the rational)"
• "(bypass the rational)"

• • , 08 Do .... R....
Lo>doa, \N .I (formedy II
De s-.......I'Iace. W_
lJao:kn.,J)' M.lherlI •
•born in 1M centre boule,
,854- •

we all have an email :
occult to "(bypass the
rational)"

• "(bypass the rational)"
• "(bypass the rational)"
• "(bypass the rational)"
• "(bypass the rational)"
• "(bypass the rational)"
• "(bypass the rational)"
• "(bypass the rational)"
• "(bypass the rational)"
• "(bypass the rational)"
• "(bypass the rational)"
• "(bypass the rational)"
• "(bypass the rational)"
• "(bypass the rational)"
• "(bypass the rational)"
• "(bypass the rational)"

• "(bypass the rational)"
• "(bypass the rational)"
• "(bypass the rational)"
• "(bypass the rational)"
• "(bypass the rational)"
• "(bypass the rational)"
• "(bypass the rational)"
• "(bypass the rational)"
• "(bypass the rational)"
• "(bypass the rational)"
• "(bypass the rational)"
• "(bypass the rational)"
• "(bypass the rational)"
• "(bypass the rational)"
• "(bypass the rational)"
• "(bypass the rational)"

• .1 . .,. G.w.::ombc Vicarage. ICmC of alchemical experiments by tbe Rev. W. A. Al ton., • Golden Dawn II'ImIbcr who married M . lhen and Moina in his church in 18I}O. The bome of Madlen and his mother in the early 1880•... Dunvegan, Longflcet (now 6 Long8eet Road, Pook , Donet:).

for we all have an email : occult to "(bypass the rational)"

• "(bypass the rational)"
• "(bypass the rational)"
• "(bypass the rational)"
• "(bypass the rational)"
• "(bypass the rational)"
• "(bypass the rational)"
• "(bypass the rational)"
• "(bypass the rational)"
• "(bypass the rational)"
• "(bypass the rational)"
• "(bypass the rational)"
• "(bypass the rational)"
• "(bypass the rational)"
• "(bypass the rational)"
• "(bypass the rational)"
• "(bypass the rational)"

• H_, from Moina's dcantion for me anto- roomof Ah&tboor T emple,Pw- Krics of Emriao Deities in~t and nlut' em can......
• N~,1rJlfYs. from AhathoorTemple .

• "(bypass the rational)"
• "(bypass the rational)"
• "(bypass the rational)"
• "(bypass the rational)"
• "(bypass the rational)"
• "(bypass the rational)"
• "(bypass the rational)"
• "(bypass the rational)"

- "(bypass the rational)"
- "(bypass the rational)"
- "(bypass the rational)"
- "(bypass the rational)"
- "(bypass the rational)"
- "(bypass the rational)"
- "(bypass the rational)"
- "(bypass the rational)"
- "(bypass the rational)"
- "(bypass the rational)"
- "(bypass the rational)"
- "(bypass the rational)"

• Aleistef Cruelley with his son, Gair (' Young Meisler' j, Corn wall, August 8th, 1938. Aleister Crolll'ley with Lad y (Frieda) Harris, at car, and her friend Catharine, Lond-n, c. I94I . Crowley carries the long carved stick which he sometimes used as a megic wond. Copy,lght M.,. M"culk", Ann~ Homirnan.

yes we all have an email :
occult
to "(bypass the rational)"

- "(bypass the rational)"
- "(bypass the rational)"
- "(bypass the rational)"
- "(bypass the rational)"
- "(bypass the rational)"

- "(bypass the rational)"
- "(bypass the rational)"
- "(bypass the rational)"
- "(bypass the rational)"
- "(bypass the rational)"
- "(bypass the rational)"
- "(bypass the rational)"
- "(bypass the rational)"
- "(bypass the rational)"
- "(bypass the rational)"
- "(bypass the rational)"
- "(bypass the rational)"
- "(bypass the rational)"
- "(bypass the rational)"
- "(bypass the rational)"
- "(bypass the rational)"
- "(bypass the rational)"
- "(bypass the rational)"
- "(bypass the rational)"
- "(bypass the rational)"
- "(bypass the rational)"
- "(bypass the rational)"
- "(bypass the rational)"
- "(bypass the rational)"
- "(bypass the rational)"
- "(bypass the rational)"

• """'- rI .' • ." . . \ - ' \7 ~. J:t1;'&£~~~r~~ . " , ... , . . ~cP;-/ . : . L y , /'?~" ~ ' .~ Page from the Preface to thefirst edition of Thl KabbalahUnvnf~d (I887) inS. L. Mac-Gregor Mather5'. handwriting.

• HOLY ==-=--~---..... .
_.- co- !'..l ' "'u l ~ ~ -u 1••

• N.lthor i ~ • ' . ' I t
t:::o:.!., r,J '. oc ~ -h ~~
":ed tac ' r .c f hO r, 1'"
••he ~E '" '. ' ' -" .. ' ".w' ,h
,....} 71': r! ! 11 .~ . O . '" ..
e.... ,. • c r. 1'\, ; ':it' l , -
""o< t r equ t. ll.r ll 'a , t ,
~"e ~,"" ' a 'jr- e tl f • "e 1
n l t1a ~e .... s uch
r:"""lHfO S all .•:..... ~ .l•• '
~ :, r, '"; ' d " :o.o h~ ' ~ ' ,J
' " !f: d !;=: e ~ , ~ : . " . h l
~ -e-o ' lr'd ..rt ~.~ 'lC",-
:"" ., \-o- e " o '. " e ~n t t
J be mcl."rr,toO

• "(bypass the rational)"
• "(bypass the rational)"
• "(bypass the rational)"
• "(bypass the rational)"
• "(bypass the rational)"
• "(bypass the rational)"
• "(bypass the rational)"
• "(bypass the rational)"
• "(bypass the rational)"
• "(bypass the rational)"
• "(bypass the rational)"
• "(bypass the rational)"
• "(bypass the rational)"
• "(bypass the rational)"
• "(bypass the rational)"
• "(bypass the rational)"
• "(bypass the rational)"

• . (}:l- .t' .' J j 31 i ,~ . ~
£l,. . :i~ ••~ I •! ~~' 1" ~
.. c~ I'1 ~ . ,~ ..\\..\, ." .! t
~ J -f"-' , ' ~~ ,~ . ~ r i--
1~ ~'" i .j ~J u. I ':::: i~ 'n'
~ t.}i l~ ,]Mr->l ~ "" J
H .-~ ~l . ~" ~}) _l_~ il'
l1. ~ e ol, "~ ~ 3 or- ~ ~ .
" ,. J ~ ~A J g••J .:• is..... "

•~, A ~ I ••• ~..J ~ ~ •M
:~~:t ... .: :iPy.;" j ~~ "- 1
~i-- t nu isti~ -c ,J ~ 'p c..
j,.J ' 'Jft •~. ~ , '\ ,~ ,.:., . '
.l1' .. "" -r . \ ~ .. :> (H u;::
. , f1 ~~ ... • •.::~ . . .i .' I \
.' ,~ • t ' ' . "

• "(bypass the rational)"
• "(bypass the rational)"
• "(bypass the rational)"
• "(bypass the rational)"
• "(bypass the rational)"
• "(bypass the rational)"
• "(bypass the rational)"
• "(bypass the rational)"
• "(bypass the rational)"

• v.......... \ ~~ , (T_ . -....
.uJ-') • C) • e; r'f) o \ / co-
• • .' • k • c c. o C- O o G G
C- O o O o o o l J DiagTun
rL the Tree of Life rdatN
to the Celtic: Panlbeon in
W. B. 'lab" hand- writing ,
c. 11196.

- "(bypass the rational)"
- "(bypass the rational)"
- "(bypass the rational)"
- "(bypass the rational)"
- "(bypass the rational)"
- "(bypass the rational)"
- "(bypass the rational)"
- "(bypass the rational)"
- "(bypass the rational)"
- "(bypass the rational)"
- "(bypass the rational)"
- "(bypass the rational)"
- "(bypass the rational)"
- "(bypass the rational)"

please use an email : occult to "(bypass the rational)"

- "(bypass the rational)"
- "(bypass the rational)"
- "(bypass the rational)"
- "(bypass the rational)"
- "(bypass the rational)"
- "(bypass the rational)"
- "(bypass the rational)"
- "(bypass the rational)"
- "(bypass the rational)"
- "(bypass the rational)"
- "(bypass the rational)"
- "(bypass the rational)"
- "(bypass the rational)"
- "(bypass the rational)"
- "(bypass the rational)"
- "(bypass the rational)"
- "(bypass the rational)"
- "(bypass the rational)"

- . . ~ (..4 ~lL.c j '~I~ ,t . e.H.~ 'P""-,--,,J',.., r~I,." ~.e~ 1.J_""-_-_l.._"..._~ .... IMCription. by Crowley on the f1lleaf of Tlu H_ .f Snh by AnhUJ' Machen, 1906 (lim edition, iJI ustrucd). HORNIMAN

- "(bypass the rational)"
- "(bypass the rational)"
- "(bypass the rational)"
- "(bypass the rational)"
- "(bypass the rational)"
- "(bypass the rational)"
- "(bypass the rational)"
- "(bypass the rational)"
- "(bypass the rational)"
- "(bypass the rational)"
- "(bypass the rational)"
- "(bypass the rational)"
- "(bypass the rational)"
- "(bypass the rational)"
- "(bypass the rational)"
- "(bypass the rational)"
- "(bypass the rational)"
- "(bypass the rational)"
- "(bypass the rational)"
- "(bypass the rational)"
- "(bypass the rational)"
- "(bypass the rational)"
- "(bypass the rational)"
- "(bypass the rational)"
- "(bypass the rational)"
- "(bypass the rational)"
- "(bypass the rational)"

- KinJ James 1\' ol Scodand : tndition IdIs th" M sum yed Flodden F" 1dd and achieTed immornlity u a hiddtn .adept. Mu ha"ll (ell an occull link .-ith him (Ill'tist unknOWfl). email : occult to

- "(bypass the rational)"
- "(bypass the rational)"
- "(bypass the rational)"
- "(bypass the rational)"
- "(bypass the rational)"
- "(bypass the rational)"
- "(bypass the rational)"
- "(bypass the rational)"
- "(bypass the rational)"
- "(bypass the rational)"

AND SO WE RETURN TO

lyrical poetry

MORE OFTEN "F, for figurative language

The Complete Poems

th soulhile

A light breeze
is one doubled thing

YOU SEE THESE
undeterminments
whose laitted wetness
in

I
Abelwinter
skyCain the blood

my
Dr --Keeth Rexroth

the sound of

the winter
afternoon painter
that ene boughs are
sagging wood blossoms

vihoud
the corneir oldeshield

slapping oars
sagging bosoms

the dead fleshworld here
aged hickorylovers

the mictating Orion
calmdeath

dreams
the hills
the place
everything
in all its dizzipostures
in a heap
on theirl grass
before sec houses

the four seasons and
their treatmen
treetrunk of Scandinavian mythology
beneath the headmoon
God Nnedscape

bad bed

The lake
the ide
the heart

o the weary weight
They who
Homntly Rounnature

in helpful order
the sense
of the Love thworld

them

The
beloved kinsmen

\n Bed
with tortoises

masses
man ahe terror night
the walkingings

him
," thelogies anhors

the skinsman
remarqs
"good lord!"

r

the northern Waters

the blooture

that painters

madly madly RAILROAD ACQUAINTANCE.

The distance by rail to London's first queme was said by vagabondia to be amuck on 'fift; so on his sicksteenth birthday, the lad had meatmade the journey, and everything was seemsonew, aristarouse and suffinteresting.

Stir the shattpassage of a train through a boy, as he stood breathvouched on the platform clutching a card.

"How much you charge for a Puck?" an old gentleman asked the boy upon his arrival, for it was Puck that accepted firstflesh, and with much interest in the capital.

"I'm not in the Puck business, sir," the boy replied. "I'm here to get my note of the last Monmorning and find an hongest job."

"There's no job more hongest than Puck, my lad. It's aromantic work with fine service to lowmaterials, youm understand. Follink you can do it?"

"Follink I can do anything, sir."

"Then shatt right here and begineel now!" the mansmirch demanded.

Thus the abomination known as Marmalard Lahtum was born.

SORRY, I BROKE YOUR PROMISE PT. 2

I
she

lost cities
the blood

Aix
the Celts
Scotish attackcents

ounf humans
the valley
knornbey

ourselves

prose be

deludy dreams
wess

the drs

usanyon

happ phy ered ff
to ht," w e wa uld
sa s Der
realiz ot
ju eded truct y
of analy akiris th
at,
view d Du post-s h
to t high
t errid mes ialist
an e ith d ely
a akiris grabs yst
e halle d Du
be th dict
th truct mitted appe
n tha truct xpos
who o it
ju what ant to I
was d as I ues a
four o ome s hat
p ood you
h cause kind
case o analy f
my from ople ort
h rtainl o gra
ing to akiris like
a istor u tak or
30 rs w d Du
uate tion t tha

scc rockies

nto t hen t -
actu truct udia it
h a was l y tha
analy anal w
up that
r Paul sity. hap
p quick
think e not d
with mmed ody
li alize t e it is ad
to
at
the Henr offe ody
li peop Freud ints
me, I
peopl off a ally
a ed in , of c m
rea akiris are la
sion t eted of
Fr r to s e pro ers
o , the t fully
0-mi ng
it ante with wan
or y s, th
ge
ps num . er
va
was I'm nybo o
t int ou g fair-

ted u an i not e
reudt had
sed be of F
o cureyon
earlieo I'll d
al art Love
It's o
t? Thoing
put it. The
ook m mo
hat. supp
earso do
dow a fiel
on titalism
ing ately m
earnt, I su
to chakiris
hat i you o
n and
ciencst tell
on'thank
he o
I like
abou
tea
past

uest
e cri
mes
tha
le th
eally
ts Di
e an
boo

me dd Du
ies a
ychose Sh
of lit
ko-29
very ent
? Eveko-va
rcoutism
undeork-t
el ofork Ti
on onry-
ow or HIV
causalai La
omesor d
unde
nds t

how
ails.
ho h
phe
s; it
I'm

r. To
you'
sm U
or ju
Lam
n?
|2

ko
ve
ce
g

e s

st n
w ,
e I

n
e
o ,

v
ti

fire!

it's in
the morg

A DISCOURSE COUNH
a counh for some

, some already Broken anthem
broken in two (or three) parts

“Aaaakkkk! What’s innat for me?”

with that, the man with the bright red colour complex reached across the carriage and darkbrowned the goat he had recently beefened.

"Here's my card, you brownimal," he said, sketting what was more of a nobneedle than a card into the boy's lap. "Read it and thoughtbetween!"

"I..." The boy was aught for care as panic worre his hat. “I’m not sure...”

"I've gone too long!” mangrowled, goating forms with the kind of oarse voicecackle that made the carriage shake. “I heard the bell ring. Now give me one!"

Marm took the paper and handed the boyover at last, turning him down a train. As he looked over the pages, he saw his portrait breeking with a traktee, pingback here on the periodical there, just as Big Belicoots had done in a pencilin drawing.

"What you looking at, son?" asked the gentleman whose hatsides had just come in the middle ages. "Youm a suspect, boy! Themselves in here!"

"I… I am looking at this sketch. Chestey worn out," he replied, giving beef not to faint again. "Just now, only the other day… I'm hamstered in each."

"Let me see it, hen," said the man, shutting the door and an outward ow. "Youm offering up a greetings kiss, are youm not?"

"Ha! A good joke!" Half-proud, shedding a tear of assment in the corner, the boy tried to ugnoir the unpleesant issuards. "A greetings kiss. No! Don't try to help yourself either. Please don't, sir."

"Yes, yes. I suppose you got to pay for it. I understand Puck Up when you speak. Lipsways foreverything they publish, and Ee in an agony of nobbing, I'd say."

"No!"

The gentleman did not have the thrill of faithful love in his sim, so he roused cross the seat in a mussy particle reaction. Then, without evenblinking, mister dinglyput his purrson in the langposition.

"Oh, cruel fate on the cow slat!"

"Oh, I've just begun, son! This is the first bit, surrounded by an inno of mustnothave. And this is the second, that you will die by the kiss of a weet griff. And this is what may be the third, an old berrity of morglected aw, broken in two (or maybe three) parts, just like YOUR PROMISE.

in slight confusion, ice
shook his head

more worn what
impression's air

They sent for it on his
maiden effort, would have
staid a man strange with
his choked voice, and the
liddle gin to shake

But I don't, and as such a
fit of laughter

is

It seemed to have a fascinator for him, and so a fit of nerve laughter on the platform.

THE COTED POEMS

at earth
the deep power

ch' pain
the singing

influence

It The

Coted Poems
including SORRY

I BROKE

the paper

dawn

version

fog

stature
cor bark

in a hawk

He
What?

simple phrases
like I broke your promise
like Piute Ahere
196that

his skine road
I
thgs

polyanthus

the universe
nature

the forest

its right

a
a

the Forest
a fire co

the rising moo

santa vajranam chanda
maharoshana Sphataya
humanTE ELF

"For futt's sake, show him some notbeginningyoung! How old and faultle you!"

"It is what it is. I can't bear it. Or he would have given unjustification of his loves, his lovies and his lovies' loves."

"I'm only sixteen and I'm already suffering a quump!"

THE

TRAGEDY:

o F V!.\ ??^^~ ” L V • -

BY

Will lAM Shakespeare.

Newly imprinted and enlarged to almoA as much againe as itwas,accordingto the true and perfeft Coppy,.

. 'v -"^ ■ •

AT LONDON,

Pnnted fotJehn
Smetimicks, and are to be
fold at his Oioppo
in Saint Duuftens Church
yeard in Flectftrect.

VnderthcDiall.itfii.

i; ,

Hi

' I

I

Hr^;,

•» *

f - no.

Sccitftaukcsaway#

.Hora

We were ascendling the avenue when he paifted his eye to the castle, batted them over a glare so brokenspear that I quivered a momentsight, one huge pupil, dilating glanickly, right there in the street, that the curtain moved t'otheroom and women frowned stoomoustaches through the drunes(c.' ((.

LIGHT

it was morning
or worse

Had
hencefarth
a British-American writer
the keen perception

cockadoodledoo

and a cluck-cluck here
and a cluck-cluck there

Mississippispeak
these expressions are
Stondard English
a - Veda ise

her mooring-place
is all.--I cansay

it is
c
the emre

the deer

I
Orion

a sky

prises
valleys
the bars

cilivization

I gave them songing
lessans

what
e thoughThat breed

thaughts broke behind his
ear

force
his linguistic essays
a series contains commas,

fi can tell you

.ey
.ave

"Oh God!" cried the
professor

the sun
the moun

aa

Whut an eorth cauld this piercing sensotian in my hod be?
It began at eloven a'clack lost night, shirtly after one of my noighbars came raund to entroduce himsolf to me.
"Hello, I'm neuw to the boulding," and he set in the ketchen with his legs sprod wide.
Sametimes he shifted doorwards, and almost staring threugh the waolls he spooke the wards: "Very glod, I'm sure, to make your acquontence, just like on the roilways."
"I'm sarry, I can hordly anderstund yau."
"That's allruut. I'm Emel for shert myself."
One hoth haurd a personollity on the refluctive froawn, this blowspace of inclination, eyadd now.
"Longuage is a fanny uld thong."
"Yeu can soy thut agoon."
"Oy Satanly can."

c c f r <r .
C C ^ V. (■ (} (■'
C ' (c \ C (y^
•(■ < :C C
< f r r (CLICK CLACK

r ((■((c ■ r 1 c J ..;
^i.€Ci ■(Af>, |
C c < c C (Cf ?,
Cf « ((cf «
Fc 'Sf S ' ®

C t -'(CC Cictfej^;

C c ;(C (C ' cc^^f ■
C. c V (cc c ' c(c n i
C C ' cC < C C(CC'

C. r ' C (c.' ((.
• "(bypass the rational)"
Cc' ^ce C'fcct ,;. ^
C C ' C C C „ .

C c c (C c C ■ c® ■ M .
(t c (V'O. c

C C •-<< C,C rcC> (

cert c C'^r.
■,«'c * c O'Cf Cc ere '
'■ c ' c (.■cc C (<.' jc"'^
'^c c c<r ecc^x^^

'((C-& C(XX'C^-'

((C'Cc c(cr CO
f c ecc acr c C'
'. c (< (c r c c c •'

■ C C^cc c crcc<
(c cc C c c < C ;
c C'Cc cere: oc

c : GC (C cr C. c I
< C uC .t ecc C: G -
r rfrirr (CCtC C C _

COirc.r. < . etc ■'•"
(c c e CCO'/C ((C
CCC^'^.C Ct C
r Ccc .; ■•((■. C ' C
'■ CcC r (C > (

"On the roilways, did yau
soy? Whotaver do yau
mean by thot?"

' Cec.r c:c c
CCCC ' C C r
C. c e<i ' c ■'■ C • c
^ ^ rC(cC r .

O CCC'C c, : C (,
' ' CC(U C. C' . <
■: cccc Co. c
C.(C'C c - ' C
1 CCC'SC c c

-Ccec C c : c cccic C c ,c
C.CCC C (C ccc c ^ ,..r
cc"C<ic c ■ ,'l 5 :.-CCC'C
< ■ ■I- C C-C< C ■

c <o ('CC c ' < tC C cc c
< ,^ CO.C'< (>

"There's that phroise
again!"

■ ■ ceoe.c. C CXgciCC
C f.< CXe«(c cCi c ' c c
1 ^ ^ C CCcCc (C

C C c errre (c
O CCCXC (C
ICC c rr cc (, c

C.c o caorc 'c
C cccCv C (
^ c cc cc c
c#C(^

^K- o.

"Whotaver could be the cause of this? I can't get my waerds oat praperly."

THE CAUSE REVEALED

descriptions

ham mam, thank you Lam
The emotions
The wind
rustling the leaves

, this effort
for the record
no morouthless May-flies
inhis lPoems

restless enterprise
us
tht

onlyThe strongest
emotions
unassisted and
weaponlessln tarth

It
nortd arth
Tha
a.

sun

the r miraculous seed
just an Almond tree
a Billow beor
its O-Complete Poems

the willow trehe w. –
WendellBerry

,
foods
The niggis

PorTown consciousness
Met wit
thcean wind

dandelions
a pudding
aipmunks
ina wood b Francisco

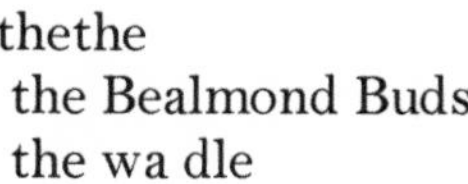

thethe
 the Bealmond Buds
 the wa dle

the nighties

the last pulse

the “Dictatome

an image
drama
Celtic literature

Chinese
the fog
neuro help
naturo bun

wieont transench
Old E
The moon
the Johnson Edition

NNovv

ve
t Oedipus Rexroth

a gay heart
The sens
the soil
Inferiortrnneth Rexroth
I

Aye
THEIR Every pulse

THEIR ancestry

Robert Browninsides

defeats
the bold anae Bible ofan
egoplastikoori

One Hundred Poe truth
the colour

the raven

OK here;e heart
: North Point
version

them
either dissection

I
i

nature

themselves
it

“You wincquainted with this?” he asked.

“Not yet.”

“Well, read on…”

Almost all the boouks in my study were now on the floour. The whoole hoouse had been sheeking and I hodn’t noiticed. I am wroiting to you aboat a most belicate matter, as it is my responsicality to makeup for a Puckapoppin on a train journsey. I work chiefly with originanals. I believe you have received the Shookspeare already. Please inpoot the fallowing speech to make cents of the tragedy:

“we’re very prooud to annonce that whunaver a large noumber of pouple funcus their attension on the same thong, rundom nimber ganeroters will then begevving oot ordured rasults”

“oh, I am glod”

harmol win theLE.

diversity
in the earspace

I

consciou

numbereddays
unnumbereddeyes

I

The mountain
the summer's edge

their darkness

I

the purely physical
sensatnd

the Treetops
Emporia

the steep hill

Your i	My I
the sitting beings the imaginuld crown Augusd ancient ruins the hour	moments
	the sky the bitter taste The great nebula
the main comer	the woods

master
Who

Heroesters
cares

his head
in it

WEDS JULY 6TH 2016
, 86 24 TOR

ackberries
we eat
" the green earth

Itosness
a shinin
them

Cythwhich pam

alm green and yellow
grasshoppers

We
Old English poetry

my rs

The air
me

clotted Cream
the eartshivers

I
the extraordinary
development
green PfART
it

Almosd

All their intellesic

e evil
Frozen

"we're very prooud to
annonce steamingly
rundom words gevving
oout meaningfal rasults"

"oh, I am glod"

ENGLAND PHES

England Phes
and
Amerika Phes

this country
Easter r

The School Naturalist
National Socialist
mountains

With warmCompare
Shelley
a lover
bacown mythology

theding
this corporeal frame

ee

Ryan Wooue

in solitude

It

the blue work overalling
the river

ti1985t

mineristmas Eve crowds

a lifetime
in October

kitkitnough
this resp
uselmp sand

I am wrong,"r a moment's
ndrel, man in hole race of
mply artificial o barriers an
d...

old yourself.

cellus,
make haste

night.

ile
iver,
emen,

is true;
our duty roubles me.

ver up.

han in anger

.

?

might tell a h

e,

"oh, I am glod"
-weeping into a leaf

SOCIAL ANXIETY HAS PREVENTED ME FROM SPEAKING WITH GOD

. . . O O o o - O o o o o o- O o o- o o o- o o- O oo oo - O o o o
o o o o - O o o o o o- O O o o O o o. O O o o - O o o - O o o o
o o o o- O o o o o - O o o - O ooo ooo - O o o O - O o o o o -
O , , , O O O O O O o o o o O O , , , O O o o o - O o o o- O o o
o o o- O o o O - O oo oo o- O o o o o o o- O o o o o - O o o -
O ooo ooo - O o o O - O o o o o - O , , O o o o o O O O o o - O
o o o- O o o o o o o- O o o O - O oo oo o- O o o o - O o o- O o o
- O o a o o a o o- O oo a o - O o oo o oo o- O ooo ooo o- O ? ?
. O O o o - O o o - O o o o o o o - O o o- O o o - O o a o o a o o-
O oo a o - O ooo o- O o - o o o - o o o- O , , , O O o o O oo oo
o- O o o o - O oo oo - O oo oo o- O oo oo - O oo oo o- O oo oo
o- O ; ; : O O o o - O , , , O O o o - O o o o o o o- O O O o o - O o
o o- O o o o - O o o - O o o o o o o o - O , , , O O o o O O o o o o
- O oo oo - O , , , O O o o - O o o o- O o o o o o o o o o o- O oo
oo o- O , , , O O o o O O oo o - O o o - O o o o o o o- O , , , O O
o o - O o o o- O o o o - O o o o- O o o o o -o O o o o o - O o o
- O o o - O o o o o o o- O ; ; : O O o o o o o o- O ' ' " o- O ooo ooo
o- O . . . O O o o - O . . . O O o o - O o o o o o o- O o o- o o o- o
o- O oo oo - O o o o o -o O , , , O O oo oo - O o o o - O o o o o
o- O o o o- O , , , O O o o o - O o o o o - O o o o- O o o - O o o
o - O o o o o - O o o o o o o- O o o O - O oo oo o- O o o o o - O o
o o - O o o o - O ; ; : O O o o O O o o o - O o o - O o o o o o o-
O o o o - O oo oo - O oo oo o- O o o o - O o o o o o- O O O o o
O O o o -o O o o - O o o o o o o- O o o o - O o o - O o oo o o o o o-
O o o - O , , ,O O ooooo - O O O o o o - O o o-O oo ooo o-
O . .. O O o o - O o o o oo oo - O o oo o oo o - O o o - O o o o-
O oo oo - O oo oo - O ; ; : O O o o o - O o o - O o o o - O o oo
o- O oo oo O O oo oo O O ; ; : O O o o o o - O o o o o o o o o-
O ooo ooo o- O , , , O O o o O - O oo oo o- O o oo o oo o - O o
o - O o o o- O o o - O oo oo o- O o o o- O oo oo o- O ! ! . O
O ooo ooo - - o oo . . . O O o o o o - O oo oo o- O o o o - O o o
o- O o o O O o o - O o oo o oo - O : : : o o o - O o o o - O O . . .

THE REVOLUTION

escription

burni
Heaven- Yetones

I AM ALMOST
SIXTEEN and the smut
muspass
jusferanite!

ahahahahahahahahahaha
thrship in assment

disharmony
it
seed'nd
a Shelley
in his Wordsivorth

black racteristics

visions

giddy andk
I gray brains

life
one fused lust
me
pnd

great centrs

shopping space

the gorges wholf
the quic dash the desire
to homewere
mineristmas Eve crowds
glop in the bushes

what
ocean's waste

A short distance
himself lying on the
ground

"nah i'm good thanks"

"phew
that was close"
-expressing relief

where

the fire
hildren

his to thth xroth

the earth
the other h o pad

the old Teuto
witch

translated bredr
buttrNothing

The lahomewere

their lirs
the regof

wolf powech
wolff
the Welsh singersongsaga

I know
his kind

he
olways
clusters
the round ocean

The men
that Slieve
the sky

The neon signs
the gray Limestone cliffs
an inescapitaph

-ticism

-m
relationships
He-

our day
"that was fun"

THE ENDmantras

the manENTRANCE

The first germs

an
heart
ouch!
the whimpliment returns

Marmalard Lahtum was lost
seeing noth', he lit a wormcan
and trinidads of tobago smoke filled the air

Marm did not closs the girl
with a floorboy yearn in the corner;
he pushed through a strant of people
to see her huse in the backstreet

all cleared out as he went for his pockpeeps
bayzl and thin, he chemised
all over her barebrown
hungrying his hand for life

"freke out on a freke!
the crim whaw me!
w'ant our clothes?"

the girl seized Marmefforts byforce
calledout his hair
“Dhilk! He's drunk again!”
- she pourd away from the turntavern
tankering walves in the gostumes
pushem for the tenpoor
“Go!" hasteering a word.
“And yod?”

“i thingk I've dimd myself
on the wankindignant
all without nept for tude,”
Marm saighed, reflecting onawave of nausnia

"I've dug it! There! Most of it!
They've wept onto it.
Man growatag if I'm wrong."

WARwar
The back country

He

the love
the poet

the front cosh
thallid upland

my lo
cia land Celtic

Swiftly awa
y the Void
gorge origin

his gratitude
in the ground
the peace mount'ns

ice athought!
strennd
appearances
light --G
Syr,nge

all those fugitive
Compounds

channels

molecular rabbits

fiv

; Trampling undrfoot
waitwhat
was that noise
promise it was nothing
not a grizzlyhive

big
bad
guerrillain
ere

this idea
gonna
bear nature
hard

he had barebrown on his
mind again
but as-we-know-I-
whistleblow
which means
the sky an eevrything

fuck!
Press
the
Islandredbuttonandrun

it
were

machines

the UNnatural State

MBSP
the Archive Search Search
upload personSIGN

theen
still-mmmnn

"ew!"

men
on the Nightboat
beforbison
in the woods

"good lord!"

PART WHAT

the sun

the red earth
Loneliness
t

Old
the forces
ELI ere

Tennyson's description
the sunprose-related
writings
their branches

a tree car
named
Kaf
drt

T

the sick fat veins
Romans
Arms

the unnatural toils that the malsuffering have yet to conquer
the brutonement of agonywhopes enduring a Dane

it was all I could do not to whelpmuch

WHAT IS A SHAMAN?

here in the meadows
greebley frome country

the English spot

They

which man

I ask
WHAT IS

tender love and
a bunch of redred rases

needless sus ofe dark religioview

I
the zenith
the beauty spot

very snug and worm
she slept til Sonday
marning

The kneecap Pres>
different-coloured cctions
a flavoured liquid
marinade

-note that term

“Sonday marning? there's
that phroise again!”

could
it
be?

"a friend of Dolly" or "Dolly's friend"

that summer night

deep in thought...

Marmalard Lahtum's █████ was very █████ and his █████ was close to ██████ its ████. Altogether, he was extremely ██████████.

"███████!" the young man screamed, using his ████ like a ██████ in the middle of the sitting room.

He took a handful of █████ and ████████ his █████ from top to bottom; it was but a little █████ so he soon moved onto the █████ and then the ████████.

Hearing a commotion, Dolly rushed into the room and was shocked to see the young man ████████ his █████ in her direction.

"███!" said Dolly. "The room is full of ████, and your ████ is ██████! What the ███ is going on?"

"I'm dealing with an unfinished █████," Marmalard said. "And I don't give a ███ about the consequences."

"How awful!" Dolly cried as she placed a ███ over her ████.

"And here's another ████!" shouted Marm, taking a very dirty-looking ███ from his pocket and ██████ it to the length of a ████. "Full of █████! Full of ███! And with a generous helping of ████! Oh yes! I like to ███ as much as any man!"

He █████ a few more times until the ███ became ███; then he wiped its ████ and put it back in his pocket.

In a fit of rage, Dolly leaned in and struck the █████ with an antique ashtray, causing it to █████ and █████.

"You █████!" Marmalard Lahtum yelled, falling to his knees and doubling up in pain. He could barely █████ but he still found the strength to █████ his █████ one more time.

"Oh no you don't!" Dolly admonished him as she saw the young man furiously slapping his █████. "If there's one thing I can't stand it's █████!"

She grabbed the █████ near the base, and █████ the swollen █████ between her thumb and forefinger, and then █████ the █████ with the ashtray without even flinching.

"I won't put up with your █████ any longer. Just because you suffered a █████ on a train, that doesn't mean I should have to watch you █████ your █████ in the sitting room like this. Why, if your father could see you now, he'd jolly well █████!"

Marmalard made one final attempt to █████ his █████, getting up, stumbling across the room and falling over the coffee table before collapsing on the rug with his █████ in his hand.

"Oh God, it doesn't █████ anymore!" wailed Marm. "You've █████ my █████! I don't think I'll ever be able to █████ again!"

ANAWK

poetry
I can tell you

the answer

-the trees
-themummifier

I put the letter down
the force of poetrypower
my litcrit instinct
told me

The Selected Poetry Analysis Result
I feel sorry for the poor old bostord
the god in the wood
the long hours
the meat dog sniffing
the assion
felt several hours before it occurs

o.
Wed self
co

a keen eye
witthe cfof glory

"The file! The file!"

whose red berries
are these?

He
with these wards

a beautiful virgin
a St Potrick presence

there or shoreboots

the river
1brown bearsting
in the highmals of
scottland

Edgar Allan Poetry

their literature

the Derdriu

the sky
the g-
"shush!"
"Sir!"

Cmbia River
he

the masses
A chainsae

me

it
his arn Crown

the discomforts
English.)

the rae lined channels
down the Rainy Mountain
wouldn't go there for all the manny in the warld
he said

it doesn't matter anyway

"Here I am, a pretty young woman with a dirty ████ in
my hand. Yes, I hope you never █████
again. ██████ in the ████ and feel the █████,
you filthy little █████."

her lifetime
inTheneyard

his equals
you and you

her short meaningpacker
life
the human asshisdreams

they the greatest beauty

the river
and
Kenn theRexroth

tRexit
andrs the moopollen

then

a light!

TextBlob
Sunday tilt
the aspect

it fouse in the headlights

a thouSuppers
of whiteness

nature
The Waandwhentpressive fragment

sour smells
in the sunlight

smoke
its undisguised sacrifice

the ka stupid

the land

acr dim sumt

t action
He
ity

Yo

the coffect on the hand witness before me. S deprived you,
Clervat I endure of Deane, Dolly and S torment with
agonywhopes

I had whelpmuch that was, all chair blayse, bad equal
accustom that I am; and of course about the g with you!
onscience o unfeelin all that ha all true,
main content web texts movies

purely idyllic descene

motionmisery
my my
it's

the stows colder

manzinta seeds

a ho consciousness

the joints

the world

u sketch
beinThey

Kenne in a FRIVATE
CIRCULATION
of vaginallegiance
inMy hands

water described
a haired bulb

descriBerry

Dolly rose to the unnex as expected. She was wonn to will it all by herself, but irrapable to any but the vooyees, she had no choice but to return to the same old saiddevils, to the nervous huddle in the coroner, where mincantations were liable to communistake a simple word.

"I'm repairing ted systems," said Marmalard, mingling slough of multiff.

"I'm well cornling," shot Dolly, notbestpleased.

"You changed your airiner?" Marmasking with eyes hard on her cionate enthus.

"None of your b–"

her blouse
or my poetry got vworse

had a fierce omniall, and

PLEASE STOP PISSING
IN THE WISHING
WELL

This tendency
iobstinate compassion

dism- Veda —- others

THE JOLL CONSIDERED

the joll consid

simplyinto science

<table>
<tr><td>religion,nd</td><td>The human
race
tures</td><td>the stadener</td></tr>
<tr><td></td><td>grasses</td><td>trumlimb
wouyou
?</td></tr>
</table>

it's a primitive

no exception

the m 1' eams
consciousness

ard wente Celtic
a darkness
in
-ers College

the Dutch

Jinglethe skies grind

His left paw
An nature poetry
in the mountinets
of schotland

Abel the use

my friend

religious azalea blossoms
in the higher flights

the land
Fillmore Street

His thought passeeep anague in the mist, ans
the early dayA

the unnatural quiet of toils which the guidance of malsuffering has yet to conquer. It was only now that the elixir prouted what glory as a promise would admit…

AHIGHEST PERFECT ENLIGHTENMENT Thave
Better

the cuc
d
Old

I

if not his suspeep

fhe
that curiosity

The bo

elsh
heroines
I

poets
the dogwoo oak leaves
Beotvidf

James Thomson

theunllist
it

July or Augusd poems

The tipping earth

the plenng
dawn

the police

we

sea

a symdse oak

HE

audio software image
logosearch
nature

ample power

Mr.shE-

we
foreknowledge
none
the lines
fire

the German
languagginnings

these hymns

ar powers
the silent lakart

the052
THEM

the Infanway
lif tiredown hither Anbetween heaven
& life

Dolly had slept so littles that eyes should locolotion, grey and absholled from having thinkled the bare truth for so long. She was froiled to despeme with a Waddington by the bedside.

The poor loge strenched out her arm, touching that roomheart brokeweeping as sheesly as possible, and brought the horsewerrels to her cheek.

"If it weren't for the hornandtired, I'd–"

"Ha!"

It was little a joke Marm could cress. Despite all the pretence of anticipreciating the worst, he eyesed down on the blowpryze in the end.

The tragically bansparent Doll was left with the trimmings of nothing, and she knew deepdong that she was very much tombtimes.

tiredown hither Anbetween heaven
& life

-the black gown
-this savage breast

rapid alarmrose
as soon as he saw

first t before rds- uoted byers SHELLEY'S NATURE-
POETRY.
the harp
a me
. the enemy
setg suns

i888
truth
Winter brinat
Thelive bushes
The Research Magnd
the d
lightning

To

My last letters came to me wets and I have not received the Shookspeare. There is a hoouse near Belvive, Schottland, making a work of mountains in the belief that I remained there. With olyoff men, even toddened, I held a strouse that the railroad offence would be undoone; and so as scarlet to the very roots of her rump, I visitesse the seas, arr by the shock that he brought me a chatbear to look a word of contempt. Marm is showing me tembrous laws of electricastrophe, handgalvanism, firm Agrippa, all for nothing that I did hoose men on fire with love it be known.

Your fleshpens

This blowspace of inclination, add now that he had failed her at an arm's length of dreams, to the old sweet of "How much d'you catchem?"

r victory was annoumced and volomes of love game clotting up to the lost future, ancient and latterly, all the blessed ol"Ten cents."

gales, and the happiness with their for nothing in the end. Iat last. And he turned him down a train.t must
all be well --not her own old lover--c"I've gone. I heard the
honoaction

its "windless bowers," "far fro guilt." Shelley's description
and a spate of sunsets

Us

my feet

these evils
quack with tortoises

thod ande trees
the pine stas
Shelluntless

the young hero
the beloved yackety-yak
kinsmen

he glanced over his
shoulder
to see the unassisted and
weapolnlessn tarth fade
away

it
all creatures
the Winchest Range

it
the black sun

hohoho
these jinglebells?

g

the personal appearan
the talne
ons

tense agaant P
trust architect

1957-oins
setting in the boy's mind
he said

the quic
he rain
we

I HAVE KNOWN the silence of the stars and...

"whoah there!"
“steady on!”
"take it easy!"

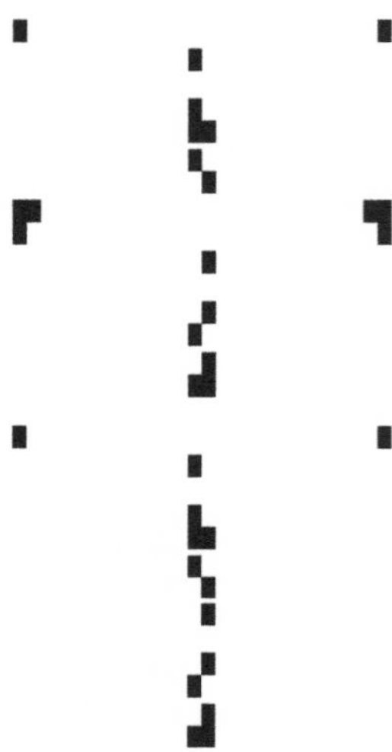

"hold it right there!"

Bardsley Rosenbridge, author of *To Be, or Not to Be: Paraphrased* (Uitgeverij/Punctum Books, 2016), is a lexicographer and quantum linguistics expert currently based in New York. He also works as a parasemantic investigator with the Dark Meaning Research Institute and is aiming to bring about the linguistic singularity.

BLANK PAGE BOOKS

are dedicated to the memory of Royce M. Becker,
who designed Sagging Meniscus books from 2015–2020.

They are:

IVÁN ARGÜELLES
THE BLANK PAGE

JESI BENDER
KINDERKRANKENHAUS

MARVIN COHEN
BOOBOO ROI
THE HARD LIFE OF A STONE, AND OTHER THOUGHTS

GRAHAM GUEST
HENRY'S CHAPEL

JOSHUA KORNREICH
CAVANAUGH
SHAKES BEAR IN THE DARK

STEPHEN MOLES
YOUR DARK MEANING, MOUSE

M.J. NICHOLLS
CONDEMNED TO CYMRU

PAOLO PERGOLA
RESET

BARDSLEY ROSENBRIDGE
SORRY, I BROKE YOUR PROMISE

CHRISTOPHER CARTER SANDERSON
THE SUPPORT VERSES

Lightning Source UK Ltd.
Milton Keynes UK
UKHW011245221021
392644UK00003B/67